ALISSA POLLER

Himmlische ECLAIRS

22 RAFFINIERTE REZEPTE AUS BRANDTEIG

EMF

EIN BUCH DER EDITION MICHAEL FISCHER

Inhalt

S. 44

S. 57

S. 47

S. 44

S. 57

S. 47

Vorwort

Für meine süße Sherry,
die auch so Paris-verliebt und
Eclair-verrückt war.

Ich erinnere mich noch gut an den Augenblick, in dem ich das erste Mal in ein Eclair biss und es daraufhin blitzartig in meinem Mund verschwand. Es hat seinem Namen damit wohl alle Ehre gemacht ("éclair" ist Französisch und bedeutet Blitz). Von diesem Moment an war ich einer der größten Fans des französischen Gebäcks, und es traf sich gut, dass immer mehr Patissiers den alten Klassiker neu entdeckten. In Paris, meiner damaligen Heimat, eröffneten sogar Läden, die nichts anderes als Eclairs verkauften. Ich war also im 7. Himmel.
Was mich an Eclairs besonders begeistert, ist ihre raffinierte Vielfältigkeit und natürlich ihr vorzüglicher Geschmack! Die leicht gekühlte, cremige Füllung versteckt sich in wohlschmeckendem Brandteig, der mit seiner leuchtenden Glasur nur überzeugen kann. Eclairs lassen sich in zig Geschmacksrichtungen und in allen Farben des Regenbogens herstellen. So eignen sie sich perfekt, um sowohl bei der Füllung als auch bei der Dekoration kreativ zu werden und jedes Eclair zu einem kleinen Kunstwerk zu verzaubern.
Wer wie ich schon immer eine Schwäche für die leckeren Liebesknochen, wie sie bei uns auch genannt werden, hatte oder sich zum ersten Mal an ein Eclair wagen will, findet in diesem Buch eine große Bandbreite an klassischen wie auch ausgefallenen Rezepten. Das Grundrezept auf Seite 6 ist für 20 Eclairs ausgelegt, die Rezepte für die Füllungen für zehn. So können Sie gleich zwei verschiedene Sorten Eclairs aus einem Teig herstellen und ein bisschen von Paris träumen.

Viel Spaß beim Nachbacken und bon appétit!

Alissa

Grundrezept Brandteig

Ein gut gemachter Brandteig ist die Basis eines jeden Eclairs. Die ungefüllten Hüllen sollten luftig leicht sein und eine glatte, gleichmäßige Oberfläche haben.

FÜR 20 STÜCK

120 ml Milch
120 ml Wasser
80 g Butter
4 g Salz
6 g Zucker
130 g Mehl (Type 550)
3 Eier

AUSSERDEM

Spritzbeutel
Sterntülle (wichtig: Die Sterntülle sollte mindestens 12 Zähne haben)
Lochtülle °8
Spitzer Gegenstand

1. Den Ofen auf 180°C Ober-/Unterhitze vorheizen.

2. Milch, Wasser, Butter, Salz und Zucker in einem Topf aufkochen, sodass die Butter schmilzt, und von der Herdplatte nehmen. Das Mehl mit einem Kochlöffel unterrühren.

3. Zurück auf den Herd stellen und bei mittlerer Temperatur so lange unter kontinuierlichem Rühren kochen, bis die Stärke im Mehl verkleistert und eine Masse entsteht, die nicht mehr an den Rändern des Topfes festklebt.

4. Die heiße Masse in eine Schüssel umfüllen. Mit dem Kochlöffel oder mit der Küchenmaschine die Eier einzeln jeweils für mindestens 30 Sekunden unterschlagen. Erst, wenn ein Ei komplett im Teig verarbeitet ist, das nächste hinzufügen.

5. Ein Backblech mit Backpapier belegen. Den Spritzbeutel mit der Sterntülle vorbereiten. Den lauwarmen Brandteig einfüllen. 12 cm lange, gleichmäßige Eclairs auf das Backblech spritzen. Zwischen den einzelnen Eclairs etwas Abstand lassen, da sie im Ofen noch aufgehen. 35 Minuten auf mittlerer Schiene backen.

6. Die gebackenen Eclairs auf einem Rost auskühlen lassen.

7. Achtung aufgepasst: Das Grundrezept reicht für 20 Eclairs-Hüllen, die Rezepte für die Füllungen für jeweils 10 Eclairs! So können Sie nach Herzenslust mehrere Sorten vorbereiten.

Tipp

Die fertig gebackenen Eclair-Hüllen lassen sich auch einfrieren. Einfach nach dem Auftauen noch einmal bei 180°C für 5 Minuten in den vorgeheizten Ofen geben und dann wie gewohnt füllen.

Befüllen der Eclairs

Wie bei Macarons ist der Grundteig für Eclairs immer derselbe und die vielen unterschiedlichen Geschmacksrichtungen entstehen erst durch die verschiedenen Füllungen. Diese in die Hüllen zu zaubern, ist also das A und O bei der Eclair-Herstellung.

Tipp

Sobald auch nach Belieben glasiert und dekoriert worden ist, sollten die fertigen Eclairs bis zum Verzehr im Kühlschrank gelagert werden. So halten sie sich gut und schmecken am besten!

DU BRAUCHST

Spritzbeutel
Lochtülle °8
Spitzer Gegenstand

Es gibt verschiedene Varianten, ein Eclair zu befüllen. Man kann es beispielsweise auch der Länge nach aufschneiden. Bei der klassischen Art pikst man von unten Löcher in den Boden des Eclairs und füllt durch diese anschließend die Creme ein. Auf diese Weise bleibt die Oberfläche der Brandteig-Gebäckstücke schön glatt, sodass man diese später gut mit einer Glasur überziehen kann.

Am besten benutzt du einen spitzen Gegenstand (dafür eignet sich zum Beispiel eine sehr kleine Spritztülle), mit dem du vorsichtig jeweils drei kleine Löcher in den Boden der ausgekühlten Eclairs bohrst.
Die Creme der Wahl glattgerührt in einen Spritzbeutel mit einer 8er-Lochtülle füllen. Dann vorsichtig den Beutel durch Drehen verschließen, nacheinander an die Löcher ansetzen und die Creme langsam hineindrücken. Die Creme verteilt sich am gleichmäßigsten im ganzen Eclair, wenn man mit dem mittleren Loch anfängt und anschließend die beiden äußeren füllt. Zum Schluss mit einem Messer die überstehende Creme wegstreichen.

Noch mehr Brandteig?

GUT ZU WISSEN:

Brandteig, der seinen deutschen Namen vom „brennen" des Mehls im Topf hat, heißt im Französischen *pâte à choux* (entstanden aus *pâte à chaud*, was übersetzt so viel heißt wie heißer Teig). Von dem französischen Wort leiten sich auch mehrere Brandteig-Variationen ab.

Tipp

Brandteig lässt sich generell sehr gut als Tupfen spritzen. Werden die gebackenen Bollen ohne den Hagelzucker zubereitet und dafür wie ein Eclair glasiert und dekoriert, heißen sie einfach Choux. Die sind zum Beispiel genial als Party-Snack!

CHOUQUETTES GEFÄLLIG?

Wer sich zum Beispiel auch mal an was anderem aus Brandteig als der typischen Eclair-Stange üben will, kann sich an kleine Chouquettes wagen. Die lassen sich wunderbar aus Teigresten herstellen, falls Sie zum Beispiel doch nur die Hälfte des Brandteigs verwendet haben und einen schnellen und einfachen Weg suchen, den Rest noch zu verwenden. Einfach den Teig als große Tupfen auf das mit Backpapier belegte Backblech spritzen und mit einer Gabel etwas flach drücken. Danach mit Hagelzucker bestreuen und bei gewohnter Hitze 35 Minuten backen. Die Kleinen können direkt verzehrt oder nach Belieben noch mit gesüßter Schlagsahne gefüllt werden, wie ein kleiner französischer Windbeutel.

ALL TIME STARS

Schokolade, Kaffee, Vanille … so kennen wir Eclairs. Und diese Geschmacksrichtungen werden natürlich nie alt, richtige Klassiker!

Eclair au Chocolat

MIT SCHOKOLADEN-CRUMBLE

Der absolute Klassiker unter den Eclairs. Mit einem Schoko-Crumble am Ende verziert, wird das Eclair nicht nur ein wenig aufgepeppt, sondern auch noch schokoladiger!

FÜR 10 ECLAIRS

½ Grundrezept Brandteig

FÜR DIE FÜLLUNG

150 g Zartbitterkuvertüre (mind. 60 % Kakao)
4 Eigelb
120 g Zucker
30 g Mehl
30 g Maisstärke
500 ml Milch
80 g Sahne

FÜR DIE CRUMBLE

40 g Butter, zimmerwarm
15 g Kakao
25 g Mehl
40 g brauner Rohrzucker

FÜR DIE GLASUR

100 g Zartbitterschokolade (mind. 60 % Kakao)
60 g Wasser
60 g Zucker
50 g Sahne
3 g Gelatine Fix
10 ml Sonnenblumenöl

1. Backen Sie die Eclair-Hüllen nach dem Grundrezept auf S. 6/7.

2. Für die Puddingfüllung die Schokolade fein hacken. Das Eigelb mit dem Zucker zu einer hellcremigen Masse aufschlagen, dann sowohl Mehl als auch Maisstärke unterrühren. Die Milch in einem großen Topf aufkochen, vom Herd nehmen und die Eiermasse einrühren. Pudding etwa 3 Minuten unter ständigem Rühren nochmal kochen. Die Schokolade unterheben, bis sich eine homogene Masse ergibt. In eine Schüssel umfüllen und mit Frischhaltefolie zugedeckt mindestens 30 Minuten kalt stellen.

3. In der Zwischenzeit die Crumble und die Glasur zubereiten. Dafür die Butter in kleine Stückchen schneiden, dann alle Zutaten mit den Händen vermischen und auf ein mit Backpapier belegtes Backblech bröseln. Bei 160 °C Umluft oder 180 °C Ober-/Unterhitze 15 Minuten im Ofen backen.

4. Für die Glasur die Schokolade fein hacken. Wasser, Zucker und Sahne zusammen aufkochen, bis sich der Zucker aufgelöst hat. Vom Herd nehmen und Gelatine Fix unterrühren, dann alles über die gehackte Schokolade geben und vermengen. Als letztes das Öl unterrühren. Die Glasur lässt sich am besten etwas ausgekühlt im dickflüssigen Zustand verwenden. Falls sie schon zu fest geworden ist, einfach wieder kurz in der Mikrowelle erwärmen.

5. Die Sahne für die Füllung aufschlagen. Die erkaltete Puddingmasse glattrühren und die Sahne vorsichtig unterheben. Die Eclairs, wie auf S. 8 beschrieben, mit der Creme füllen. In die Glasur tunken, erkalten lassen und dann mit den Streuseln bestreut servieren.

Tipp

Um Glasuren und Cremes einzufärben, eignen sich am besten flüssige Lebensmittelfarben oder Pasten. Letztere muss man allerdings behutsam dosieren und vorsichtig mit einem Zahnstocher einrühren.

Vanille-Eclair

MIT KARAMELLISIERTEN PEKANNÜSSEN

Mein Geheimtipp. Denn mit der großen Auswahl an Eclairs kann das einfache Vanille-Eclair schnell untergehen. Dabei gilt hier eindeutig: Weniger ist mehr!

FÜR 10 ECLAIRS

½ Grundrezept Brandteig

FÜR DIE FÜLLUNG

2 Vanilleschoten
500 ml Milch
4 Eigelb
120 g Zucker
30 g Mehl
30 g Maisstärke
80 g Sahne
50 g weiche Butter

FÜR DIE GLASUR

Mark 1 Vanilleschote
100 g weiße Kuvertüre
60 g Wasser
60 g Zucker
50 g Sahne
3 g Gelatine Fix
weiße Lebensmittelfarbe, nach Belieben
10 ml Sonnenblumenöl

FÜR DIE DEKORATION

100 g Pekannüsse
50 g Zucker

1. Backen Sie die Eclair-Hüllen nach dem Grundrezept auf S. 6/7.

2. Für die Puddingfüllung die Vanilleschoten der Länge nach halbieren, das Mark auskratzen und sowohl Schoten als auch Mark mit der Milch in einem großen Topf zum Kochen bringen. Das Eigelb mit dem Zucker zu einer hellcremigen Masse aufschlagen, dann Mehl sowie Maisstärke unterrühren. Pudding etwa 3 Minuten unter ständigem Rühren nochmal kochen. Die Vanilleschoten entfernen und den Pudding in eine Schüssel umfüllen. Mit Frischhaltefolie zugedeckt mindestens 30 Minuten kalt stellen.

3. In der Zwischenzeit die Glasur vorbereiten. Dafür die Vanilleschote der Länge nach halbieren und das Mark auskratzen. Die weiße Schokolade fein hacken. Wasser, Zucker und Sahne mit dem Vanillemark zusammen aufkochen, bis sich der Zucker aufgelöst hat. Vom Herd nehmen, Gelatine Fix und nach Belieben weiße Lebensmittelfarbe unterrühren, dann alles über die gehackte Schokolade geben und vermengen. Als Letztes das Öl unterrühren. Die Glasur lässt sich am besten etwas ausgekühlt im dickflüssigen Zustand verwenden. Falls sie schon zu fest geworden ist, einfach wieder kurz in der Mikrowelle erwärmen.

4. Für die Dekoration die Pekannüsse in einer beschichteten Pfanne leicht rösten. Den Zucker in einem Topf bei starker Hitze zu einem goldbraunen Karamell schmelzen. Sobald die gewünschte Farbe erreicht ist, die Nüsse dazu geben, kurz umrühren, bis jede Nuss vom Karamell umgeben ist, und dann sofort auf einem Backpapier zum Auskühlen verteilen.

5. Die Sahne für die Füllung aufschlagen. Die erkaltete Puddingmasse glatt schlagen und die weiche Butter löffelweise unterrühren. Dann die Sahne vorsichtig unterheben. Die Eclairs, wie auf S. 8 beschrieben, mit der Creme füllen. In die Glasur tunken und erkalten lassen. Zum krönenden Abschluss nach Lust und Laune mit den karamellisierten Pekannüssen dekorieren.

Eclair au Café

MIT WACHMACHER-GARANTIE

Besonders köstlich morgens, vielleicht mit einer Tasse Café Crème oder einem Espresso als Snack vor der Arbeit?

FÜR 10 ECLAIRS

½ Grundrezept Brandteig

FÜR DIE FÜLLUNG

500 ml Milch
4 Eigelb
120 g Zucker
45 g Maisstärke
12 g Instantkaffee
80 g Sahne
70 g weiche Butter

FÜR DIE FONDANT-GLASUR

50 g Zucker
50 g Wasser
200 g Fondant (schmelzbar)
1 EL Instantkaffee
braune Lebensmittelfarbe, nach Belieben

FÜR DIE DEKORATION

10 Kaffeebohnen

1. Backen Sie die Eclair-Hüllen nach dem Grundrezept auf S. 6/7.

2. Für die Kaffeecreme-Füllung bringen Sie die Milch in einem großen Topf zum Kochen. In der Zwischenzeit werden die Eigelbe mit dem Zucker cremig geschlagen und dann die Maisstärke untergerührt. Sobald die Milch kocht, den Topf vom Herd nehmen und die Eiermischung unterrühren. Den Topf bei mittlerer Hitze zurück auf den Herd stellen und etwa 3 Minuten unter ständigem Rühren kochen. Sobald die Masse zu einem Pudding angedickt ist, den Instantkaffee zufügen und gut unterrühren. Dann alles in eine Rührschüssel umfüllen und mit Klarsichtfolie zugedeckt mindestens 30 Minuten kalt stellen.

3. Für die Fondant-Glasur Zucker und Wasser in einem Topf zum Kochen bringen. Vom Herd nehmen, sobald sich der Zucker aufgelöst hat. Den Fondant zusammen mit dem Instantkaffee in der Mikrowelle oder über einem Wasserbad schmelzen, bis er lauwarm ist . Wenn er an dem Punkt immer noch etwas zähflüssig ist, nach und nach ein wenig des gerade hergestellten Sirups hinzufügen, bis er sich zum Glasieren der Eclairs eignet (etwa 20 g Sirup sollten ausreichen). Die Lebensmittelfarbe vorsichtig unterrühren.

4. Die Sahne für die Füllung aufschlagen. Die erkaltete Puddingmasse glatt schlagen und die weiche Butter löffelweise unterrühren. Die Sahne vorsichtig unterheben. Die Eclairs, wie auf S. 8, beschrieben mit der Creme füllen. In die Glasur tunken und erkalten lassen. Zuletzt die Kaffeebohnen nach Belieben auf den Eclairs verteilen.

Weiße-Schokolade-Eclair

MIT HIMBEEREN

Die Kombination von Himbeeren und weißer Schokolade ist für viele vielleicht kein echter Klassiker, aber für mich persönlich eines meiner Lieblings-Eclairs. Und bald auch für Sie!

FÜR 10 ECLAIRS

½ Grundrezept Brandteig

FÜR DIE FÜLLUNG

100 g weiße Kuvertüre
2 Eigelb
60 g Zucker
15 g Mehl
15 g Maisstärke
250 ml Milch
75 g Sahne

FÜR DEN HIMBEER-KERN

125 g Himbeeren
20 g Zucker

FÜR DIE DEKORATION

200 g weiße Kuvertüre
10 frische Himbeeren

Tipp

Statt frischen Himbeeren lassen sich zumindest für den Himbeer-Kern auch problemlos tiefgekühlte verwenden. Oder Sie kaufen einfach fertige Himbeermarmelade als Ersatz.

1. Backen Sie die Eclair-Hüllen nach dem Grundrezept auf S. 6/7.

2. Für die Puddingfüllung die Schokolade fein hacken. Das Eigelb mit dem Zucker zu einer hellcremigen Masse aufschlagen, dann sowohl Mehl als auch Maisstärke unterrühren.

3. Die Milch in einem großen Topf aufkochen, vom Herd nehmen und die Eiermasse einrühren. Pudding etwa 3 Minuten unter ständigem Rühren nochmal kochen. Die Schokolade unterheben, bis sich eine homogene Masse ergibt. Diese in eine Schüssel umfüllen und mit Frischhaltefolie zugedeckt mindestens 30 Minuten kalt stellen.

4. Die Himbeeren verlesen und waschen. In einem Topf mit dem Zucker und einem Schuss Wasser bei mittlerer Hitze etwa 10 Minuten einkochen, bis eine etwas zähflüssigere Konsistenz erreicht ist.

5. Die erkaltete Schokoladenfüllung glatt rühren. Die Sahne aufschlagen und unter die Creme heben. Diese in einen Spritzbeutel geben und die Eclairs, wie auf S. 8 beschrieben, füllen, allerdings nicht bis zum Anschlag, damit noch genug Platz für die eingekochten Himbeeren ist. Diese in einen Spritzbeutel ohne Tülle geben und in jedes Loch etwas davon füllen, bis die Eclairs gut voll sind. Bis zum Glasieren kalt stellen.

6. Für die Glasur die weiße Schokolade fein hacken und über einem Wasserbad schmelzen. Jedes Eclair vorsichtig in die Schokolade tunken und diese dann sofort glatt streichen. Mit den Himbeeren dekorieren und servieren, sobald die Schokolade getrocknet ist.

Nougat-Eclair
MIT KEKSOBERFLÄCHE

Eine Hommage an die feinen Paris Brest! Ein leckeres Brandteiggebäck mit Nougatcreme. In der Form eines Eclairs gehört der französische Klassiker natürlich zu den All Time Stars!

FÜR 10 ECLAIRS
½ Grundrezept Brandteig

FÜR DIE KEKSOBERFLÄCHE
50 g weiche Butter
50 g Rohrohrzucker
50 g Mehl

FÜR DIE FÜLLUNG
150 g Nougat
500 ml Milch
4 Eigelb
120 g Zucker
45 g Maisstärke
80 g Sahne
70 g weiche Butter

FÜR DIE DEKORATION
100 g Haselnüsse

AUSSERDEM
Teigrolle
Sägemesser
Spritzbeutel mit großer Sterntülle

1. Für die Keksoberfläche Butter, Rohrzucker und Mehl zu einem glatten Teig verkneten. Mit Klarsichtfolie umwickelt 20 Minuten in den Kühlschrank geben. Den Eclair-Teig, wie auf S. 6/7 beschrieben, zubereiten und die Eclairs auf das Backblech spritzen. Auf einer bemehlten Arbeitsfläche den Keksteig 2 mm dick ausrollen und zu Rechtecken schneiden. Diese sollten dieselbe Größe wie ein ungebackenes Eclair haben. Dann auf jedes Eclair ein Rechteck legen und wie gewohnt backen. So wird das ganze Eclair von einer knusprigen Hülle ummantelt.

2. Für die Nougat-Füllung den Nougat in kleine Stücke schneiden und über einem Wasserbad schmelzen. Die Milch in einem großen Topf zum Kochen bringen. In der Zwischenzeit werden die Eigelbe mit dem Zucker cremig geschlagen und dann die Maisstärke untergerührt. Sobald die Milch kocht, den Topf vom Herd nehmen und die Eiermischung unterrühren. Den Topf bei mittlerer Hitze zurück auf den Herd stellen und etwa 3 Minuten unter ständigem Rühren kochen. Sobald die Masse zu einem Pudding angedickt ist, den geschmolzenen Nougat zufügen und gut unterrühren. Dann alles in eine Rührschüssel umfüllen und mit Klarsichtfolie zugedeckt mindestens 30 Minuten kalt stellen.

3. Die Sahne aufschlagen. Die Puddingmasse glatt schlagen und die weiche Butter löffelweise unterrühren. Die Sahne vorsichtig unterheben. Die Creme in einen Spritzbeutel mit großer Sterntülle füllen. Die Eclairs der Länge nach halbieren und auf die Unterseite schöne Creme-Tupfen spritzen.

4. Die Haselnüsse grob hacken und in einer Pfanne bei mittlerer Hitze goldbraun rösten. Gleichmäßig über die Eclairs verteilen. Den Keksdeckel aufsetzen und fertig ist das Nougat-Eclair!

FRUCHTIG

Immer eine gute Wahl! Diese Eclairs verzaubern mit ihrem fruchtig frischen Geschmack. Da darf es auch gerne mal mehr als eins sein!

Zitronen-Eclair

MIT MERINGUE

Mein heimlicher Favorit! Die grandiose Mischung aus sauer und süß passt bei Tartes, Macarons und eben auch besonders gut bei Eclairs.

FÜR 10 ECLAIRS

½ Grundrezept Brandteig

FÜR DIE MERINGUE-DEKO

30 g Eiweiß
60 g Zucker

FÜR DIE FÜLLUNG

5 unbehandelte Zitronen
4 Eier
200 g Zucker
280 g weiche Butter

FÜR DIE GLASUR

100 g weiße Kuvertüre
30 ml Wasser
30 ml Zitronensaft
60 g Zucker
50 g Sahne
3 g Gelatine Fix
gelbe Lebensmittelfarbe, nach Belieben
10 ml Sonnenblumenöl

AUSSERDEM

Spritzbeutel mit kleiner Lochtülle
Mixer oder Pürierstab

1. Backen Sie die Eclair-Hüllen nach dem Grundrezept auf S. 6/7.

2. Den Ofen auf 80 °C Ober- und Unterhitze vorheizen. Das Eiweiß aufschlagen. Wenn es fest ist, den Zucker nach und nach einrieseln lassen. Die Meringue in den Spritzbeutel füllen und auf ein mit Backpapier belegtes Backblech kleine Tupfen spritzen. 60 Minuten im Ofen trocknen.

3. Für die Creme die Zitronen waschen, die Schale der Zitronen abreiben und beiseitelegen, dann die Zitronen auspressen und 200 ml Saft auffangen. Die Eier mit dem Zucker cremig schlagen. Zitronenschale und -saft dazugeben und alles über einem Wasserbad unter ständigem Rühren erhitzen. Sobald die Masse dickflüssig geworden ist und kurz bevor sie anfängt zu kochen, vom Herd nehmen und in eine Schüssel umfüllen. Die Zitronencreme auskühlen lassen. Sobald sie Raumtemperatur hat, die Butter löffelweise unterrühren und mit dem Pürierstab mixen. Mit Klarsichtfolie bedeckt mindestens 2 Stunden kalt stellen.

4. Für die Glasur die weiße Schokolade fein hacken. Wasser, Zitronensaft, Zucker und Sahne zusammen aufkochen, bis sich der Zucker aufgelöst hat. Vom Herd nehmen und Gelatine Fix sowie die gelbe Lebensmittelfarbe unterrühren, dann alles in einer Schüssel über die gehackte Schokolade geben und vermengen. Als Letztes das Öl unterrühren. Die Glasur lässt sich am besten etwas ausgekühlt im dickflüssigen Zustand verwenden. Falls sie schon zu fest geworden ist, einfach wieder kurz in der Mikrowelle erwärmen.

5. Die Eclairs, wie auf S. 8 beschrieben, mit der Creme füllen. In die Glasur tunken und erkalten lassen. Die Meringue entweder im Ganzen oder zerbröselt schön auf dem Eclair verteilen.

Tipp

Feigen sind zwar ganzjährig erhältlich, besonders süß und aromatisch schmecken sie aber von August bis Oktober.

Feigen-Eclair

MIT MASCARPONE

Saisonrezept: Ein fruchtiges Eclair, das aber auch super in den Winter passt, wenn man es sich mit einer Tasse würzigem Tee und einem Buch gemütlich macht.

FÜR 10 ECLAIRS

½ Grundrezept Brandteig

FÜR DIE FÜLLUNG

225 g Feigen (ca. 6 Stück)
Saft von ½ Zitrone
2 Eigelb
50 g Zucker
35 g Maisstärke

FÜR DAS MASCARPONE-TOPPING

100 g Mascarpone
100 g Sahne
1C g Zucker

FÜR DIE DEKORATION

2 EL Zimtzucker

AUSSERDEM

Sägemesser
Mixer oder Pürierstab
Spirtzbeutel mit einer Tülle nach Wahl

1. Backen Sie die Eclair-Hüllen nach dem Grundrezept auf S. 6/7. Sobald die Hüllen abgekühlt sind, mit einem scharfen Sägemesser eine dünne Schicht von oben abschneiden, sodass sich die Eclairs später gut von oben mit der Feigencreme befüllen lassen.

2. Die Feigen waschen, in kleine Stücke schneiden und im Mixer mit dem Saft der halben Zitrone fein pürieren. Das Eigelb mit dem Zucker zu einer hellcremigen Masse aufschlagen und die Maisstärke unterrühren.

3. Das Feigenpüree in einem Topf erhitzen. Sobald es kocht, die Eiermasse hinzufügen und unter ständigem Rühren etwa 3 Minuten kochen, bis eine zähflüssige Puddingmasse entstanden ist. Diese durch ein Sieb in eine weitere Schüssel passieren und mit Frischhaltefolie abgedeckt mindestens 30 Minuten kalt stellen.

4. Für das Topping Mascarpone, Sahne und Zucker verrühren und dann mit einem Handrührgerät aufschlagen.

5. Den erkalteten Feigenpudding glatt rühren, in einen Spritzbeutel füllen und die Eclairs damit bis obenhin garnieren. Das Mascarpone-Topping in einen Spritzbeutel mit Tülle nach Wahl geben und die Eclairs schön verzieren. Zum Schluss ein bisschen Zimtzucker über die Eclairs streuen und so das Geschmackserlebnis sowie die Dekoration abrunden.

Passionsfrucht-Eclair

MIT WEISSER SCHOKOLADE

Der exotisch frische Geschmack der Passionsfrucht in einer wunderbar buttrigen Creme kann jeden Gourmet nur überzeugen!

FÜR 10 ECLAIRS

½ Grundrezept Brandteig

FÜR DIE FÜLLUNG

4 Eier
200 g Zucker
10 Passionsfrüchte
250 g weiche Butter

FÜR DIE DEKORATION

2 Passionsfrüchte

FÜR DIE GLASUR

100 g weiße Kuvertüre
30 ml Wasser
60 g Zucker
50 g Sahne
3 g Gelatine Fix
orangefarbene Lebensmittelfarbe, nach Belieben
10 ml Sonnenblumenöl

AUSSERDEM

Mixer oder Pürierstab

1. Für die Creme die Eier mit dem Zucker cremig schlagen. Die Passionsfrüchte halbieren und das Innere unter die Eiermischung rühren. Alles über einem Wasserbad unter ständigem Rühren erhitzen. Sobald die Masse dickflüssig geworden ist und kurz bevor sie anfängt zu kochen, vom Herd nehmen und durch ein Sieb in eine Schüssel passieren. Die Passionsfruchtcreme auskühlen lassen. Sobald sie Raumtemperatur hat, die Butter löffelweise unterrühren und mit dem Pürierstab mixen. Mit Klarsichtfolie bedeckt mindestens 2 Stunden kalt stellen.

2. Für die Dekoration das Innere der zwei Passionsfrüchte durch ein Sieb streichen. Den Saft auffangen. Die Kerne waschen und dann zum Trocknen auf einem Teller beiseitelegen.

3. Für die Glasur die weiße Schokolade fein hacken. Wasser, 30 ml vom vorher aufgefangenen Passionsfruchtsaft, Zucker und Sahne zusammen aufkochen, bis sich der Zucker aufgelöst hat. Vom Herd nehmen und Gelatine Fix und die orangefarbene Lebensmittelfarbe unterrühren, dann alles in einer Schüssel über die gehackte Schokolade geben und vermengen. Als Letztes das Öl unterrühren. Die Glasur lässt sich am besten etwas ausgekühlt im dickflüssigen Zustand verwenden. Falls sie schon zu fest geworden ist, einfach wieder kurz in der Mikrowelle erwärmen.

4. Die Eclairs, wie auf S. 8 beschrieben, mit der Creme füllen. In die Glasur tunken und erkalten lassen. Die getrockneten Passionsfruchtkerne gleichmäßig auf den Eclairs verteilen.

16, Rue Marie-Stuart
PARIS - 2e ar

Rhabarber-Eclair

MIT ROTER KEKSOBERFLÄCHE

Saisonrezept: Dieses Eclair bringt dank des säuerlich fruchtigen Geschmacks des Rhabarbers und der frischen Farbe den Frühling in die Backstube!

FÜR 10 ECLAIRS

½ Grundrezept Brandteig

FÜR DIE KEKSOBERFLÄCHE

50 g weiche Butter
50 g Rohrohrzucker
50 g Mehl
rote Lebensmittelfarbe, nach Belieben

FÜR DIE FÜLLUNG

500 g Rhabarber
10 ml Zitronensaft
10 ml Wasser
80 g Zucker
2 Eigelb
35 g Maisstärke
60 g weiche Butter
150 g Sahne

AUSSERDEM

Teigrolle

Tipp

Am besten schmeckt frischer Rhabarber von April bis Juni. In den Monaten davor und danach kann man ihn wunderbar durch die tiefgekühlte Variante ersetzen!

1. Für die Keksoberfläche Butter, Rohrzucker und Mehl zu einem glatten Teig verkneten. Vorsichtig auch die rote Lebensmittelfarbe unterkneten, bis der ganze Teig gleichmäßig eingefärbt ist. Mit Klarsichtfolie umwickelt 20 Minuten in den Kühlschrank geben. Den Eclair-Teig, wie auf S. 6/7 beschrieben, zubereiten und die Eclairs auf das Backblech spritzen. Auf einer bemehlten Arbeitsfläche den Keksteig 2 mm dick ausrollen und zu Rechtecken schneiden. Diese sollten dieselbe Größe wie ein ungebackenes Eclair haben. Dann auf jedes ein Rechteck legen und wie gewohnt backen. So wird das ganze Eclair von einer knusprigen Hülle ummantelt.

2. Den Rhabarber schälen und in Stücke schneiden. In einem Topf zusammen mit dem Zitronensaft, dem Wasser und 40 g Zucker etwa 10 Minuten bei mittlerer Hitze köcheln lassen, bis der Rhabarber weich ist. Den restlichen Zucker mit dem Eigelb cremig rühren und die Maisstärke zufügen. Die Mischung unter das heiße Rhabarberpüree rühren und 3 Minuten unter ständigem Rühren zu einem Pudding kochen. Dann alles in eine Rührschüssel umfüllen, mit Klarsichtfolie zugedeckt mindestens 30 Minuten kalt stellen.

3. Die erkaltete Füllung glatt rühren und die weiche Butter löffelweise hinzugeben. Die Sahne aufschlagen und auch vorsichtig unterheben. Die Eclairs, wie auf S. 8 beschrieben, mit dem Pudding befüllen.

Piña-Colada-Eclair

MIT ANANAS UND KOKOSNUSS

Mal wieder Fernweh nach Sonne, Palmen und Meer? Dann bietet ein Piña-Colada-Eclair die perfekte Möglichkeit, sich an einen karibischen Strand zu träumen!

FÜR 10 ECLAIRS

½ Grundrezept Brandteig

FÜR DIE KOKOS-SAHNE

500 ml Kokosmilch
60 g Zucker
40 g Maisstärke
240 g Sahne

FÜR DIE ANANASWÜRFEL

½ Ananas
30 g Rohrohrzucker
30 ml Rum

FÜR DIE DEKORATION

100 g Kokoschips

AUSSERDEM

Sägemesser

1. Backen Sie die Eclair-Hüllen nach dem Grundrezept auf S. 6/7. Sobald die Hüllen abgekühlt sind, mit einem scharfen Sägemesser eine dünne Schicht von oben abschneiden, sodass sich die Eclairs später gut von oben mit der Kokos-Sahne befüllen lassen.

2. Für die Kokos-Sahne die Kokosmilch mit dem Zucker aufkochen. Die Maisstärke mit etwas kaltem Wasser verrühren, bis sie sich aufgelöst hat. Unter die Milch rühren und erneut aufkochen. In eine Schüssel umfüllen und mit Klarsichtfolie bedeckt 30 Minuten kalt stellen.

3. In der Zwischenzeit die Ananaswürfel herstellen. Dafür die halbe Ananas in etwa 5 x 5 mm große Würfel schneiden. Diese in einer unbeschichteten Pfanne auf höchster Stufe mit dem Zucker kurz karamellisieren, dann mit dem Rum ablöschen. Sobald dieser verkocht ist, die Würfel in ein Schälchen umfüllen und abkühlen lassen.

4. Die Sahne steif schlagen und in zwei Etappen unter die abgekühlte und glatt gerührte Kokoscreme heben. Die Eclairs damit bis oben hin füllen. Die Kokoschips in einer beschichteten Pfanne ohne Öl goldbraun rösten. Die Eclairs mit den Ananaswürfeln und den Kokoschips verzieren.

Tipp

Das Rezept funktioniert auch wunderbar mit Ananas aus der Dose, falls man keine frische zur Hand hat.

Erdbeer-Eclair

MIT PISTAZIENKARAMELL

Sommerlich beerige Eclairs, die durch das Pistazienkaramell das gewisse Extra bekommen. Ohne Glasur sind sie schnell zubereitet und ideal als kleiner Gourmet-Snack zwischendurch.

FÜR 10 ECLAIRS

½ Grundrezept Brandteig

FÜR DIE FÜLLUNG

500 g Erdbeeren
15 ml Zitronensaft
2 Eigelb
60 g Zucker
35 g Maisstärke

FÜR DIE DEKORATION

50 g Pistazien
70 g Puderzucker
frische Erdbeeren

AUSSERDEM

Sägemesser
Mixer oder Pürierstab
Spritzbeutel mit Sterntülle

Tipp

Wer auch mal im Winter Lust auf ein Erdbeer-Eclair bekommt, kann die frischen Erdbeeren problemlos durch tiefgekühlte ersetzen.

1. Backen Sie die Eclair-Hüllen nach dem Grundrezept auf S. 6/7. Sobald die Hüllen abgekühlt sind, mit einem scharfen Sägemesser halbieren, Böden zum Garnieren bereitstellen und Deckel für später beiseitelegen.

2. Die Erdbeeren waschen, in kleine Stücke schneiden und mit dem Zitronensaft im Mixer fein pürieren. Das Eigelb mit dem Zucker zu einer hellcremigen Masse aufschlagen und die Maisstärke unterrühren.

3. Das Erdbeerpüree in einem Topf erhitzen. Sobald es kocht, die Eiermasse hinzufügen und unter ständigem Rühren etwa 3 Minuten kochen, bis eine zähflüssige Puddingmasse entstanden ist. Diese in eine Schüssel umfüllen und mit Klarsichtfolie abgedeckt mindestens 30 Minuten kalt stellen.

4. Für die Karamellstücke die Pistazien grob hacken und ein Backblech mit Backpapier auslegen. Den Puderzucker in einem kleinen Topf erhitzen. Sobald er eine goldig, hellbraune Farbe angenommen hat, die Pistazien dazugeben, kurz vermengen und dann sofort das Karamell auf das Backblech gießen. Auskühlen lassen und dann in mehrere kleine Stückchen brechen.

5. Den erkalteten Erdbeerpudding glatt rühren, in einen Spritzbeutel mit einer großen Sterntülle füllen und die Eclair-Böden damit garnieren. Mit Pistazienkaramellstückchen und Erdbeerspalten verzieren, nun nur noch den Deckel drauf und fertig ist das perfekte Erdbeer-Eclair!

HERZHAFT

Keine Lust auf ein süßes Dessert und trotzdem einen Narren an Eclairs gefressen? Gut, dass sich die kleinen Liebesknochen auch super mit herzhaften Zutaten kombinieren lassen!

Rote-Bete-Eclair

MIT ZIEGENFRISCHKÄSE

Nicht nur geschmacklich sind diese Eclairs spannend, sondern auch farblich auf jeder Tafel ein absoluter Hingucker!

FÜR 10 ECLAIRS

½ Grundrezept Brandteig

FÜR DIE MOUSSE

500 g Rote Bete, gekocht
100 g Ziegenfrischkäse
1 EL Zitronensaft
1 TL Meerrettich, gerieben
Salz, Pfeffer
4 Blatt Gelatine
90 g Sahne

FÜR DIE DEKORATION

75 g Walnusskerne
2 Äpfel, z. B. Granny Smith
150 g Ziegenfrischkäse
Kresse (z. B. Rettichkresse)

AUSSERDEM

Sägemesser
Mixer oder Pürierstab
Spritzbeutel mit Lochtülle

1. Backen Sie die Eclair-Hüllen nach dem Grundrezept auf S. 6/7. Sobald die Hüllen abgekühlt sind, mit einem scharfen Sägemesser eine dünne Schicht von oben abschneiden, sodass sich die Eclairs später gut von oben mit der Mousse befüllen lassen.

2. 25 g Rote Bete für die Deko beiseitelegen. Für die Mousse die restliche Rote Bete klein schneiden und zusammen mit dem Frischkäse, dem Zitronensaft und dem Meerrettich in einem Mixer fein pürieren. Mit Salz und Pfeffer abschmecken.

3. Gelatine in kaltem Wasser etwa 5 Minuten einweichen. Ungefähr ein Drittel des Pürees in einem Topf erhitzen, vom Herd nehmen und die ausgewrungene Gelatine darin auflösen. Dann die Masse unter das restliche Püree heben und mindestens 1 Stunde kalt stellen.

4. In der Zwischenzeit für die Deko die Walnusskerne grob hacken und in einer Pfanne rösten, die Äpfel und die Rote Bete in dünne Scheiben schneiden und gegebenenfalls nach Belieben mit einer Tülle kleine Kreise aus den Scheiben ausstechen.

5. Die Sahne steif schlagen und erst gut ein Drittel unter das Püree rühren, dann den Rest vorsichtig unterheben. Die Mousse in einen Spritzbeutel mit Lochtülle füllen und von oben in die Eclairs spritzen.

6. Nach Belieben kann jetzt dekoriert werden mit dem Ziegenfrischkäse, den Walnüssen, Äpfeln, der Roten Bete und der Rettichkresse.

Avocado-Eclair

MIT LACHS

Der etwas ausgefallenere „Avocado-Toast“. Wer genau wie ich ein Fan von Guacamole ist, wird dieses Eclair lieben.

FÜR 10 ECLAIRS

½ Grundrezept Brandteig

FÜR DIE CREME

3 Avocados
1 Zitrone
1 EL saure Sahne (10 % Fett)
Salz

FÜR DIE DEKORATION

100 g Wildlachs, graved
½ kleine rote Zwiebel
Fleur de Sel

AUSSERDEM

Sägemesser
Mixer oder Pürierstab
Spritzbeutel mit Sterntülle

1. Backen Sie die Eclair-Hüllen nach dem Grundrezept auf S. 6/7. Sobald die Hüllen abgekühlt sind, mit einem scharfen Sägemesser eine dünne Schicht von oben abschneiden, sodass sich die Eclairs später gut von dort mit der Avocadocreme befüllen lassen.

2. Die Avocados halbieren, den Kern entfernen und das Fruchtfleisch im Mixer zusammen mit dem Saft von einer Zitrone und der sauren Sahne im Mixer pürieren. Mit Salz abschmecken.

3. Den Wildlachs in 1 cm schmale Streifen schneiden und diese zu kleinen Röschen aufrollen. Die halbe Zwiebel sehr fein würfeln.

4. Die Guacamole in einen Spritzbeutel mit Sterntülle füllen. Das Eclair bis oben hin mit der Avocadocreme füllen. Oben drauf dann mit Cremetupfen, Lachsröschen und Zwiebelwürfeln dekorieren. Zum Schluss mit ein wenig Fleur de Sel bestreuen.

Mango-Eclair

MIT SPECK

Diese Kombination klingt auf den ersten Blick wirklich außergewöhnlich. Sie werden aber feststellen, es ist die perfekte Mischung aus süß-fruchtig und herzhaft-würzig.

FÜR 10 ECLAIRS

½ Grundrezept Brandteig

FÜR DIE FÜLLUNG

500 g Mangofruchtfleisch
2 Eigelb
40 g Zucker
30 g Maisstärke

FÜR DIE DEKORATION

30 Scheiben Speck
Chili-Flakes
Fleur de Sel

AUSSERDEM

Mixer oder Pürierstab

1. Backen Sie die Eclair-Hüllen nach dem Grundrezept auf S. 6/7.

2. Für die Füllung das Mangofruchtfleisch pürieren und dann in einen Topf zum Kochen bringen. Die Eigelb mit dem Zucker cremig schlagen, die Maisstärke unterrühren und alles zu dem heißen Mangopüree geben. 3 Minuten auf mittlerer Stufe kochen lassen, bis ein Mangopudding entstanden ist. Diesen in eine Schüssel umfüllen und mit Klarsichtfolie bedeckt 30 Minuten in den Kühlschrank stellen.

3. Den abgekühlten Pudding glattrühren und die Eclairs, wie auf S. 8 beschrieben, mit der Creme füllen. Anschließend um jedes Eclair drei Speckscheiben wickeln, sodass die drei Löcher am Boden des Eclairs bedeckt sind, aber die beiden Enden noch rausgucken. Kurz kalt stellen. Dann in einer Pfanne ohne zusätzliches Öl die Eclairs auf höchster Temperatur schnell von jeder Seite anbraten.

4. Zum Servieren die Eclairs mit den Chili-Flakes und dem Fleur de Sel bestreuen. Diese Variante lässt sich zum Beispiel auch gut an einem kleinen Wildkräutersalat anrichten!

Tipp

Da es sich hierbei um eine süße Mangofüllung handelt, kann man dieses Eclair auch schnell mit einer passenden Glasur von einem herzhaften Eclair in ein fruchtiges verwandeln!

Grüner-Spargel-Eclair

MIT ERDBEEREN

Dieses Eclair schmeckt herrlich sommerlich und frisch… Achtung, die Kombination aus Beeren und Spargel kann süchtig machen!

FÜR 10 ECLAIRS

½ Grundrezept Brandteig

FÜR DIE FÜLLUNG

2 Bund grüner Spargel
Salz und Pfeffer

FÜR DIE DEKORATION

125 g Büffelmozzarella (Abtropfgewicht)
125 g kleine Erdbeeren
2 Frühlingszwiebeln

AUSSERDEM

Sägemesser
Mixer oder Pürierstab

1. Backen Sie die Eclair-Hüllen nach dem Grundrezept auf S. 6/7. Sobald die Hüllen abgekühlt sind, mit einem scharfen Sägemesser eine dünne Schicht von oben abschneiden, sodass sich die Eclairs später gut von dort mit dem Spargelpüree befüllen lassen.

2. Einen Topf mit Salzwasser zum Kochen bringen. Das untere Drittel der Spargelstangen entfernen und den Spargel in große Stücke schneiden. Diese 10 Minuten lang im kochenden Wasser blanchieren und dann zum Abschrecken in eine Schüssel mit eiskaltem Wasser geben. 5 Spargelspitzen der Länge nach halbieren und für die Dekoration aussortieren, den Rest gut abtropfen lassen und im Mixer pürieren. Abschmecken mit Salz und Pfeffer.

3. Den Büffelmozzarella abtropfen lassen und in kleine Stücke reißen. Die Erdbeeren waschen, den Strunk entfernen und die Früchte vierteln. Die Frühlingszwiebeln putzen und in schmale Spalten schneiden.

4. In jedes Eclair das Spargelpüree geben. Mit dem Mozzarella, den Erdbeeren, Spargelspitzen und Frühlingszwiebeln anrichten und fertig ist das schicke Eclair zum Sofort-Reinbeißen!

Birnen-Eclair
MIT BLAUSCHIMMELKÄSE UND RADICCHIO

Birne wird in vielen herzhaften Gerichten gerne als süße Geschmackskomponente gewählt. Auch in diesem Eclair funktioniert das Zusammenspiel gut.

FÜR 10 ECLAIRS
½ Grundrezept Brandteig

FÜR DIE BIRNEN-SAHNE
2 Blatt Gelatine
200 g Birnen aus der Dose
100 g Sahne
200 g Mascarpone

FÜR DIE DEKORATION
150 g Blauschimmelkäse
1 kleiner Kopf Radicchio
2 kleine Birnen
Zitronensaft
Fleur de Sel
frisch gemahlener Pfeffer

AUSSERDEM
Sägemesser
Pürierstab
Spritzbeutel mit Sterntülle

1. Backen Sie die Eclair-Hüllen nach dem Grundrezept auf S. 6/7. Sobald die Hüllen abgekühlt sind, mit einem scharfen Sägemesser eine dünne Schicht von oben abschneiden, sodass sich die Eclairs später gut von dort mit der Birnen-Sahne befüllen lassen.

2. Die Gelatine in einer großen Menge kaltem Wasser 5 Minuten aufweichen. Die Birnen abtropfen lassen und dann pürieren. Zusammen mit der Sahne in einem Topf vermischen und erhitzen. Vom Herd nehmen, die Gelatine einrühren und anschließend die Masse in eine Schüssel umfüllen und mindestens 1 Stunde kalt stellen.

3. In der Zwischenzeit den Blauschimmelkäse in kleine Stücke schneiden, den Radicchio und die Birnen waschen und ebenfalls in Würfel schneiden. Aus den Birnen zusätzlich 10 längliche Spalten schneiden. Über diese Birnenwürfel und -spalten ein wenig Zitronensaft träufeln, sodass die Schnittstellen nicht sofort braun werden.

4. Die fester gewordene Sahne-Birnen-Mischung mit der Mascarpone verrühren und anschließend wie Sahne aufschlagen. Die Füllung in einen Spritzbeutel mit Sterntülle geben.

5. In jedes Eclair ein paar Birnenwürfel geben, dann mit der Sahne bis oben hin auffüllen. Zum Schluss jedes Eclair mit einer Birnenspalte, den Käsestücken, Radicchio und Sahnetupfen verzieren, mit Salz und Pfeffer würzen und genießen.

AUSGEFALLEN

Diese Eclairs haben das gewisse Extra, um Ihre Gäste zum Staunen zu bringen oder Sie selbst in neue Geschmackswelten zu heben.

Karamell-Eclair

MIT FLEUR DE SEL

Erst in Frankreich habe ich Karamell wirklich lieben gelernt, da es dort gang und gäbe ist, eine gute Prise Salz hinzuzufügen. Ein klasse Geschmackserlebnis!

FÜR 10 ECLAIRS

½ Grundrezept Brandteig

FÜR DIE FÜLLUNG

500 ml Milch
160 g Zucker
4 Eigelb
45 g Maisstärke
3 Prisen Fleur de Sel
70 g weiche Butter

FÜR DIE KARAMELL-GLASUR

250 g Zucker
50 ml Wasser

FÜR DIE DEKORATION

Fleur de Sel

1. Backen Sie die Eclair-Hüllen nach dem Grundrezept auf S. 6/7.

2. Für die Füllung die Milch aufkochen. 100 g Zucker in einem anderen Topf zu einem goldgelben Karamell kochen. Sobald die richtige Farbe erreicht ist, das noch auf dem Herd stehende Karamell mit der heißen Milch ablöschen. Kurz so lange weiterköcheln lassen, bis sich das Karamell in der Milch aufgelöst hat, dann vom Herd nehmen.

3. Die vier Eigelb mit den restlichen 60 g Zucker cremig schlagen und die Maisstärke unterrühren. Die Eiermischung mit dem Fleur de Sel in die Karamellmilch einrühren und zurück auf dem Herd bei mittlerer Hitze 3 Minuten kochen, bis ein Pudding entstanden ist. Diesen in eine Schüssel umfüllen und mit Klarsichtfolie bedeckt für mindestens 30 Minuten kalt stellen.

4. Den erkalteten Pudding glatt schlagen und dann die weiche Butter löffelweise unterrühren. Anschließend die Eclairs, wie auf S. 8 beschrieben, mit der Creme befüllen und kalt stellen.

5. Für die Glasur aus Zucker und Wasser ein goldbraunes Karamell kochen. Die Farbe sollte nicht zu braun sein, da das Karamell ohnehin noch etwas nachdunkelt. Vom Herd nehmen und sofort die Eclairs nacheinander in das heiße Karamell tunken. Mit ein wenig Fleur de Sel bestreuen und abkühlen lassen. Dann ist das Eclair mit der knusprig karamelligen Glasur servierbereit!

Paris, France

Schwarzwälder-Kirsch-Eclair

MIT SCHOKO-KEKSOBERFLÄCHE

Auch der deutsche Klassiker lässt sich zum Eclair verwandeln und besticht durch die luftig leichte Sahnefüllung.

FÜR 10 ECLAIRS

½ Grundrezept Brandteig

FÜR DIE KEKSOBERFLÄCHE

50 g weiche Butter
50 g Rohrohrzucker
40 g Mehl
10 g Kakao

FÜR DIE SAHNEFÜLLUNG

50 g Zucker
2 Päckchen Sahnesteif
500 g Sahne
200 g Kirschmarmelade

FÜR DIE DEKORATION

100 g Zartbitterschokolade (mind. 60 % Kakao)
10 Kirschen

AUSSERDEM

Teigrolle
Sparschäler

1. Für die Keksoberfläche Butter, Rohrzucker, Mehl und Kakao zu einem glatten Teig verkneten. Mit Klarsichtfolie umwickelt 20 Minuten in den Kühlschrank geben. Den Eclair-Teig, wie auf S. 6/7 beschrieben, zubereiten und die Eclairs auf das Backblech spritzen. Auf einer bemehlten Arbeitsfläche den Keksteig 2 mm dick ausrollen und zu Rechtecken schneiden. Diese sollten dieselbe Größe wie ein ungebackenes Eclair haben. Dann auf jedes Eclair ein Rechteck legen und wie gewohnt backen. So wird das ganze Eclair von einer knusprigen Hülle ummantelt.

2. Für die Sahnefüllung den Zucker mit dem Sahnesteif vermischen. Die Sahne aufschlagen und dabei nach und nach die Mischung einrieseln lassen. Dann in einen Spritzbeutel füllen und die Eclairs, wie auf S. 8 beschrieben, befüllen. Dabei ein wenig Platz für die Kirschmarmelade im Eclair lassen. Diese in einen Spritzbeutel ohne Tülle füllen und ebenfalls in das Eclair spritzen. Von der Sahnefüllung ein wenig aufheben und nun in einen Spritzbeutel mit einer großer Sterntülle umfüllen, um auf jedes Eclair einen großen Sahnetupfen zu spritzen.

3. Mit einem Sparschäler Schokospäne von der Schokolade schälen. Jedes Eclair mit einer Kirsche und einer guten Menge Schokoraspeln dekorieren.

Kir-Royal-Eclair

MIT CHAMPAGNER UND CASSIS

Als Aperitif vielleicht lieber ein Eclair servieren? Durch sein elegantes Aussehen überzeugt dieses Eclair auch bei großen Festlichkeiten.

FÜR 10 ECLAIRS

½ Grundrezept Brandteig

FÜR DIE FÜLLUNG

500 ml Champagner
4 Eigelb
120 g Zucker
45 g Maisstärke
80 g Sahne
100 g weiche Butter
125 g Schwarze-Johannisbeer-Marmelade

FÜR DIE FONDANT-GLASUR

50 g Zucker
50 g Wasser
200 g Fondant (schmelzbar)
hellblaue Lebensmittelfarbe, nach Belieben

FÜR DIE DEKORATION

essbare Blüten
essbarer Glitzer

1. Backen Sie die Eclair-Hüllen nach dem Grundrezept auf S. 6/7.

2. Für die Champagnercreme den Champagner in einem großen Topf zum Kochen bringen. In der Zwischenzeit die Eigelbe mit dem Zucker cremig schlagen und die Maisstärke unterrühren. Sobald der Champagner kocht, den Topf vom Herd nehmen und die Eiermischung hinzufügen. Den Topf bei mittlerer Hitze zurück auf den Herd stellen und etwa 3 Minuten unter ständigem Rühren kochen. Wenn die Masse zu einem Pudding angedickt ist, in eine Rührschüssel umfüllen und mit Klarsichtfolie bedeckt mindestens 30 Minuten kalt stellen.

3. Die Sahne aufschlagen. Die erstarrte Puddingmasse glatt schlagen, die weiche Butter löffelweise unterrühren, danach die aufgeschlagene Sahne vorsichtig unterheben. Die Eclairs, wie auf S. 8 beschrieben, mit der Creme füllen, jedoch ein wenig Platz im Eclair lassen. Die Schwarze-Johannisbeer-Marmelade in einen Spritzbeutel füllen, ebenfalls in das Eclair drücken, bis es gut gefüllt ist. Die Eclairs bis zum Glasieren kalt stellen.

4. Für die Fondant-Glasur Zucker und Wasser in einem Topf zum Kochen bringen. Vom Herd nehmen, sobald sich der Zucker aufgelöst hat. Den Fondant in der Mikrowelle oder über einem Wasserbad schmelzen, bis er lauwarm ist. Wenn er an dem Punkt immer noch etwas zähflüssig ist, nach und nach ein wenig des gerade hergestellten Sirups hinzufügen, bis er sich zum Glasieren der Eclairs eignet (es sollten etwa 20 g Sirup genügen). Die Lebensmittelfarbe vorsichtig unterrühren.

5. Die Eclairs in die Glasur tunken und mit den Blüten und dem Glitzer nach Belieben dekorieren.

Tipp

Für einen Kir mit etwas weniger Royal darf der Champagner auch durch Prosecco ersetzt werden!

Matcha-Eclair

MIT WEISSER SCHOKOLADE

Das japanische Grünteepulver findet immer größere Anwendung beim Backen. Auch als Eclair-Füllung ist Matcha einfach köstlich.

FÜR 10 ECLAIRS

½ Grundrezept Brandteig

FÜR DIE KEKSOBERFLÄCHE

50 g weiche Butter
50 g Rohrohrzucker
50 g Mehl

FÜR DIE FÜLLUNG

80 g weiße Kuvertüre
500 ml Milch
4 Eigelb
120 g Zucker
45 g Maisstärke
4 TL Matcha-Pulver
80 g Sahne

FÜR DIE DEKORATION

Matcha-Pulver

AUSSERDEM

Teigrolle

1. Für die Keksoberfläche Butter, Rohrzucker und Mehl zu einem glatten Teig verkneten. Mit Klarsichtfolie umwickelt für 20 Minuten in den Kühlschrank geben. Den Eclair-Teig, wie auf S. 6/7 beschrieben, zubereiten und die Eclairs auf das Backblech spritzen. Auf einer bemehlten Arbeitsfläche den Keksteig 2 mm dick ausrollen und zu Rechtecken schneiden. Diese sollten dieselbe Größe wie ein ungebackenes Eclair haben. Dann auf jedes Eclair ein Rechteck legen und wie gewohnt backen. So wird das ganze Eclair von einer knusprigen Hülle ummantelt.

2. Für die Füllung die Kuvertüre fein hacken. Die Milch in einem großen Topf zum Kochen bringen. In der Zwischenzeit werden die Eigelbe mit dem Zucker cremig geschlagen, anschließend wird die Maisstärke untergerührt. Sobald die Milch kocht, den Topf vom Herd nehmen und die Eiermischung unterrühren. Den Topf bei mittlerer Hitze zurück auf den Herd stellen und etwa 3 Minuten unter ständigem Rühren kochen. Wenn die Masse zu einem Pudding angedickt ist, sofort die Kuvertüre zufügen und so lange unterrühren, bis sie geschmolzen ist. Dann alles in eine Rührschüssel umfüllen und mit Klarsichtfolie bedeckt mindestens 30 Minuten kalt stellen.

3. Die Sahne aufschlagen. Den erkalteten Pudding glatt rühren, die weiche Butter löffelweise unterrühren, dann die Sahne vorsichtig unterheben. Die Eclairs, wie auf S. 8 beschrieben, mit der Creme füllen und kalt stellen. Kurz vor dem Verzehr mit Matcha-Pulver bestreuen.

Peanut-Butter-Eclair

MIT BANANENCHIPS

Man könnte es als die US-amerikanische Version des französischen Eclairs beschreiben: Als großer Fan von Erdnussbutter musste ich dieses Eclair ins Buch aufnehmen.

FÜR 10 ECLAIRS

½ Grundrezept Brandteig

FÜR DIE FÜLLUNG

150 g Peanut Butter (creamy)
500 ml Milch
4 Eigelb
120 g Zucker
45 g Maisstärke
80 g Sahne
70 g weiche Butter

FÜR DIE DEKORATION

100 g gesalzene Erdnüsse
100 g Bananenchips

AUSSERDEM

Sägemesser

1. Backen Sie die Eclair-Hüllen nach dem Grundrezept auf S. 6/7. Sobald die Hüllen abgekühlt sind, mit einem scharfen Sägemesser eine dünne Schicht von oben abschneiden, sodass sich die Eclairs später gut von oben mit dem Peanut-Butter-Pudding befüllen lassen.

2. Für die Füllung die Peanut Butter über einem Wasserbad schmelzen. Die Milch in einem großen Topf zum Kochen bringen. In der Zwischenzeit werden die Eigelbe mit dem Zucker cremig geschlagen und dann die Maisstärke untergerührt. Sobald die Milch kocht, den Topf vom Herd nehmen und die Eiermischung unterrühren. Den Topf bei mittlerer Hitze zurück auf den Herd stellen und etwa 3 Minuten unter ständigem Rühren kochen. Wenn die Masse zu einem Pudding angedickt ist, die geschmolzene Peanut Butter zufügen und gut unterrühren. Dann alles in eine Rührschüssel umfüllen und mit Klarsichtfolie bedeckt mindestens 30 Minuten kalt stellen.

3. Die Erdnüsse fein hacken und in einer beschichteten Pfanne goldbraun rösten. Die Bananenchips ebenfalls klein hacken und mit den Erdnüssen mischen.

4. Die Sahne aufschlagen. Den erkalteten Pudding glatt rühren, die weiche Butter löffelweise unterrühren, dann die Sahne vorsichtig unterheben. Die Masse in einen Spritzbeutel füllen und die Eclairs damit bis obenhin garnieren. Die Bananen-Erdnuss-Mischung großzügig über die Öffnungen der Eclairs geben.

rue des Belles-
Paris

Rosen-Eclair

MIT BLÜTENBLÄTTERN

Der Rosengeschmack bei Backwaren ist gerade in orientalischen Ländern weit verbreitet, aber auch in Frankreich sehr beliebt!

FÜR 10 ECLAIRS

½ Grundrezept Brandteig

FÜR DIE FÜLLUNG

500 ml Milch
4 Eigelb
120 g Zucker
45 g Maisstärke
50 ml Rosenwasser
80 g Sahne
100 g Butter

FÜR DIE FONDANT-GLASUR

50 g Zucker
50 ml Wasser
200 g Fondant (schmelzbar)
rosa Lebensmittelfarbe, nach Belieben

FÜR DIE DEKORATION

20 Rosenblätter

1. Backen Sie die Eclair-Hüllen nach dem Grundrezept auf S. 6/7.

2. Für die Rosencreme die Milch in einem großen Topf zum Kochen bringen. In der Zwischenzeit die Eigelbe mit dem Zucker cremig schlagen und dann die Maisstärke unterrühren. Sobald die Milch kocht, den Topf vom Herd nehmen und die Eiermischung hinzufügen. Den Topf bei mittlerer Hitze zurück auf den Herd stellen und etwa 3 Minuten unter ständigem Rühren kochen. Wenn die Masse zu einem Pudding angedickt ist, in eine Rührschüssel umfüllen und mit Klarsichtfolie bedeckt mindestens 30 Minuten kalt stellen.

3. Für die Fondant-Glasur Zucker und Wasser in einem Topf zum Kochen bringen. Vom Herd nehmen, sobald sich der Zucker aufgelöst hat. Den Fondant in der Mikrowelle oder über einem Wasserbad schmelzen, bis er lauwarm ist. Wenn er an dem Punkt immer noch etwas zähflüssig ist, nach und nach ein wenig des gerade hergestellten Sirups hinzufügen, bis er sich zum Glasieren der Eclairs eignet (es sollten um die 20 g Sirup reichen). Die Lebensmittelfarbe vorsichtig unterrühren.

4. Die Sahne für die Füllung aufschlagen. Die erstarrte Puddingmasse glatt schlagen und die weiche Butter löffelweise unterrühren. Dann die Sahne vorsichtig unterheben. Die Eclairs, wie auf S. 8 beschrieben, mit der Creme füllen, anschließend in die Glasur tunken, mit Rosenblättern dekorieren und bis zum Servieren kalt stellen.

Rezeptregister

Über die Autorin

Schon als Kind entdeckte Alissa Poller ihre große Leidenschaft für Süßspeisen und beschloss 2012, nach ihrem Abitur, dieser zu folgen. Sie zog nach Paris, um dort die renommierte Kochschule Le Cordon Bleu zu besuchen. Zunächst machte sie das Diplôme de Pâtisserie, wo sie unter begabten Chefs jeden Kniff des französischen Konditorhandwerks erlernte. Von Macarons bis hin zu Skulpturen aus Schokolade, das Erschaffen von süßen Köstlichkeiten wurde ihr hier von der Pike auf beigebracht.
Danach schloss Alissa zusätzlich das Diplôme de Cuisine an, um die kulinarischen Künste in ihrer Ganzheit zu perfektionieren. Ihre süße Leidenschaft blieb dabei bestehen. In ihrer Freizeit suchte sie, wenn sie nicht gerade selbst backte, eine Konditorei nach der nächsten in Paris auf und probierte sich durch das Sortiment. Eclairs wurden dabei zu ihren Lieblingen, unter anderem, weil sie so herrlich vielfältig sind.
Seit 2015 arbeitet Alissa nun als freie Foodstylistin in München, wo sie sich weiterhin kreativ mit Lebensmitteln austoben kann.

Dank

Ein ganz großes Dankeschön geht an alle, die mich tatkräftig bei diesem Projekt unterstützt haben: An Katrin für die wundervollen Bilder, an das ganze Studio Eising für die tolle Unterstützung von Anfang an, an die liebe Saskia von EMF für die angenehme Zusammenarbeit und an meine Familie und meine Freunde, die mit mir meine Freude an meinem ersten Buch teilen, besonders meine wunderbare Mama!

Impressum

Bibliografische Information der Deutschen Bibliothek.
Die Deutsche Bibliothek verzeichnet diese Publikation in der deutschen Nationalbibliografie.
Detaillierte bibliografische Daten sind im Internet über http://www.d-nb.de/ abrufbar.

EIN BUCH DER EDITION MICHAEL FISCHER
1. Auflage 2017

Covergestaltung, Layout und Satz: Michaela Zander
Fotografie: Eising Studio GmbH – FOOD & VIDEO, München; Autorenfoto (S. 4): Julia Schubert Photography, Frankfurt am Main
Foodstyling: Alissa Poller
Lektorat: Saskia Wedhorn

ISBN 978-3-86355-647-1

Printed in Slovakia

www.emf-verlag.de